I0533383

www.ingramcontent.com/pod-product-compliance
Lightning Source LLC
Chambersburg PA
CBHW020543130626
46552CB00007B/2733

* 9 7 8 6 0 3 0 1 8 2 7 1 8 *

خلخال غجرية

نداء الترك

الأبعاد الرباعية للطباعة والنشر والتوزيع المحدودة
Quad Dimensions Printing & Publishing
المملكة العربية السعودية ـ جدة
الرقم الموحد: 920004119 966+
info@sibawayhbooks.com

(ح) نداء احمد منير الترك، 1436هـ
فهرسة مكتبة الملك فهد الوطنية أثناء النشر
الترك، نداء احمد منير
خلخال غجرية ـ المدينة المنورة.
ردمك: 978-603-01-8271-8
القصص العربية – السعودية
ديوي 813,039531   1436/5221

لايسمح بإعادة إصدار هذا الكتاب أو نقله في أي
شكل أو وسيلة، سواء كانت إلكترونية أو يدوية أو
ميكانيكية بما في ذلك جميع أنواع تصوير
المستندات بالنسخ، أو التسجيل أو التخزين، أو
أنظمة الاسترجاع، دون إذن خطي من الناشر بذلك.
No part of this publication may be
reproduced, stored in retrieval
system, or transmitted in any form or
by any means, electronic, manual,
mechanical, photocopying, recording,
or otherwise without prior written
permission of the publisher.

الغلاف من تصميم ندى ناصر

الغجرية رمزية للأنثى الحرة..

الأنثى الشقية التي لا تعرف الملل

لا تعرف الضجر ..

الأنثى المزعجة ,

المثيرة للزوبعة حولها ..

التي لا يكف خلخالها عن الرنين ..

لا تتوقف أحلامها عن الطيران ..

الأنثى التي تجيد قراءة الأعين

رغم أميتها المفرطة ..

الأنثى التي ترقص ,

يهزها صوت الطبول ..

الأنثى التي تعشق الحياة ..

هذه المرأة خلقت من السماء و للسماء ..

نداء التركي

في محيطي شخص جميل , شقي

مضحك ,غامض , مهلك

يصيبني حضوره بالجنون

مرشميلو

(١)

في ترحالي الطويل حللتُ بقرية

كان أجمل ما فيها رجل

يدفع عينيَّ لتتبع حركاته

لا أعرفه , لكنه يثير شغفي

هناك متعة خفية أشعر بها

حين أنظر إلى تلك العينين

اللتين تزينّتا بحاجبين كثيفين

وتلك اللحية الدقيقة التي تعطيه طابعاً ثورياً

وذاك الطول العجيب , والأكتف العريضة

التي أجدني في خيالاتي مصلوبةً عليها

ذاك الفارس يدفعني بطريقة غير مباشرة للطيران

يغمرني بشيء أشبه ما يكون بالتحليق

شيء يشبه امتلاء رئتيك بالهواء

إحساس منعش ..

ولا أعلم كيف يمكنني إخبار تلك العينين

الجميلتين جداً جداً , أني ووفقاً للنتائج

الظاهرة أمامي ,

" متيمة به"

(٢)

اقتربتُ منه وهو يشرب فنجان قهوته ..

قلت : أجيد قراءة الفناجين ,

و مطالعة المستقبل

قال: هل تتقن جميلة مثلكِ هذا؟

كنت أظن أنه حكرٌ

على عجائز الغجر ..

ضحكت ثم قلت : أعطني فنجانك و اختبر قدرتي..

أخذت أقلب الفنجان يمنة و يسرة ..

قلت : فنجانك فنجان عاشق,

أعاشقٌ أنت يا فارس؟

قال : لا حتى الآن

قلت : يبدو أن هذا سيحصل قريباً

قال : كيف؟

9

قلت : يبدو أن فتاةً ما متيمة بك جداً ,

و لا أظنها تتركك حتى توقعك في عشقها ...

قال بابتسامة سخرية : حقاً!! قولي لي من هي؟

فأطرقتُ أصف فتاة الفنجان قلت :

انظر , امرأتك يطربها دق الطبول ,

ترتدي خلخالاً بأجراسٍ كبيرة

شعرها غارقٌ في السواد

و في عينيها يسكن الليل

وفي شفتيها تكتنز بساتين من التوت

ويبدو أن قلبها لم يخفق لأحد كما خفق لك

بعد صمت طويل قال : من هي؟

قلت بنظرة تملئها الشقاوة :

قريبة هي جداً منك الآن

تقرأ فنجانك حتى تخبرك أنها فاشلة جداً

في مطالعة المستقبل و أنها تحبك فقط ..

10

(٣)

أتمنى لو أنه بإمكاني أن أخبئك في صدري

أخطفك من كل الدنيا من النساء

من عالمي الرث و من عالمك المتحضر

أسرقك من كل شيء و أخبئك في داري

بين حُليي و جواهري

بين كتبي و أوراقي

بين الصور

بين طيات جسدي الذي يسحرك

عندها ستكون ملكي و لا بأس إذا خلونا

أن أكون جاريةً لعبدي

و أقضي ليلتي أنشد لك

ما حفظت من أغنيات

و أطير بين كتفيك

نداء التركي

فأحط كل يومٍ على كتف

أرتوي من عطرك ما يبقيني بهذا الشغف

ما أجملك !!

كيف كانت الأيام تمضي قبلك لا أذكر

وبعدك ؟

معاذ الله أن يكون بعدك بعد

يا قبلي ولحظي و بعدي

وأولي و أوسطي و آخري

(٤)

كانت عيني فارغة كما يقولون ..

لكن ملأها شخص واحد ..

قادر على جعلي عمياء به ..

قادر على تزيين عينيّ بطريقة مجنونة ..

وعلى ملئها بالسعادة و الأمل ..

قادر على جعلي أقدس كل ثانية

أو جزء من الثانية في النظر إليه ..

قادر على جعلي حقاً أنعم بالرؤية

دوماً هذا الشخص هو أنت ..

(٥)

الابتسامة النائمة فوق شفتيَّ تستفزها أنت بغزلك ..

و نظرات عينيّ الخجلى أمامك تثير زوبعةً في صدرك ..

كأن قلبك ينطق باسمي مع كل رجفة ..

لا أبصر في الوجود الا أنت ..

ولو اجتمع حولي البشر ما حاجتي بهم؟

عيناك تكفياني , مرآتي للعالم ..

أنت معجزة سكنت عالمي ..

جعلت لرنين الخلخال معنى ..

و لدق الطبول نغماً شهياً ..

مُلهمي و نقطة تحولي ..

أصل منبتي و الغصن الذي يظللني ..

14

(٦)

أخبرتك منذ البداية أني مزعجة جداً ..

صوتي مزعج ..

ضحكي مزعج ..

حبي مزعج ..

رقصي مزعج ..

هدوئي مزعج ..

وصلي مزعج ..

بُعدي مزعج ..

مزعجة جداً ..

وأنت عابدٌ ناسك لا تفارق صومعتك ..

وجندي لا يمكنه ترك قسوة الحرب

فكيف تصبر على (حب غجرية) ؟!!

إن ضربت بخلخالها الأرض أمطرت السماء فتنة ..

15

ندى التركي

إن أسدلت شعرها حجبت بعتمته نور الشمس ..

غجريةٌ اشتعلت بياضاً , و اكتست حُمرة ..

تُسكنْ الليل في عينها ..

ويشرق الفجر من خدها ..

يذوب التوت في ثغرها ..

تزعزع سكينتك , فتغدو كل التسابيح باسمها ..

(٧)

ثمة غجرية ..

ترسل للسماء كل ليلة دعواتها لك ..

تحبك جداً ..

لا تكف عيناها عن مراقبتك ..

تحفظ نظرات عينيك عن ظهر قلب ..

ترى الكون من خلالهما ..

الفتاة التي ترسم أوسع ابتسامة حين تلقاك ..

وتنسى أنها انتظرت طويلاً حتى لقائك

ورحل من عمرها ما رحل

وسرق الرجال من جمالها ما سرقوا

وأتيت أنت لتغرق عمرها بالنعيم

تعيد للهرمة في داخلها الشباب

تلك الفتاة تحبك جداً .. لا تخذلها ..

17

(٨)

مؤلم ذلك اللقاء بالنسبة لها ..

كانت تمسك يده في كل مرة تقبلها بشدة ..

تشدُ على أصابعه ..

ترجوه بعينيها أن لا ينتهي هذا اللقاء ..

لا ترميني لاهثة للقاءٍ آخر ..

يمرر أصابعه على ملامحها..

وكأن أصابعه أنبوبة حبر تمتلئ من حسن عينيها ..

ليكتب لها بعد المغيب ..

كانت أصابعه مشبعة بجمالها و بابتسامتها الساحرة ..

كانت أصابعه تحفظ ملامحها جيداً ..

كان يتنفس أنفاسها وهي بين ذراعيه قائلاً :

أحبك أنا ..

(٩)

تزعجني تلك الفتاة جداً

أخبرتك مراراً أن لا تلمسها

لا تسمح لها بالضحك والتغنج أمامك

لا يمكنني كبح غضبي و غيرتي

تمنيت لو أن بإمكاني تحطيم وجهها المتغطرس

نعم , أشعر بالغيرة

أشعر بنار حارقة تأكل قلبي

حين تحدثك هي أو سواها

لا تروق لي فكرة مشاركة أحد فيك

أنت ملكي , لي وحدي

توقف عن إثارة غيرتي

لا تجبر الوحش القابع خلف هدوء وجهي بالظهور

تعلم جيداً أني مستعدة لحرق كل النساء بنار غيرتي

ندا الترك

الفصل الثاني

نذر الشرك

كان في عينيك شيءٌ لا يخون

لست أدري كيف خان؟

فاروق جويدة

(١)

كان الشك يراودني منذ أول ثانية

رأيتك فيها تحدثها , شيء غريب تسلل إلي يومها

لا يشبه الغيرة أبداً

ثمة أمر خفي متعلق بتلك الفتاة

الشغف في عينيك أعرفه جيداً

تّوق يدك لمصافحتها

و آهٍ من تلك الابتسامة التي كنت تبرع في إخفائها

أمامي , حين أسألك عنها

لكن قل لي بربك

لم كل هذا؟

لم لم تخبرني منذ البداية أنك تحبها ؟

ماضرك لو رحمتني من كل هذا العذاب؟

أتظنني أقبل بهذا؟

23

نزار الشرك

أن أجتمع أنا ونساء الحي على وليمة تدعى رجل؟

أم تراني أقبل بأسر حبي داخل هذا الجسد الهزيل ؟

فأكون دميتك الشهية البهية؟

أم تظن أني أقبل بأنصاف الأشياء؟

أنصاف المشاعر , أنصاف الحلول؟

تنصيف الرجال!!

كأن تستولي هي على قلبك ودارك

وأنا أقبل بقّد قميصي حين تشتاق !!

فارسي , إن كنت تعتقد أنه بإمكاني السجود

أمام رغباتك لأني أحبك

فأنت مخطئ تماماً

يبدو أنك اليوم

لم تعرفني جيداً

العبيد فقط يا مولاي من يقبلون بالاقتسام

وأنا خلقت حُرة

لا داعي لكل هذا الحرج

لا بأس لن أسلمك هذه المرة زمام الأمر

24

بل سأخطو أول خطوة بعيداً عن حبك

سأتحاشى المرور في طريقك

لن أقرأ رسائلك

ولن أتتبع أشباهك

لن أبكي

وددت لو أنه بإمكاني فعلاً البكاء

ربما غداً أبكي , أو بعد غد

أو ربما بعد مرور أول شهر في غيابك

وربما لا أبكي أبداً وأبقي هذا الوجع

حبيس الورق

قد يشتكي الورق بين يديّ من شدة الاشتياق لك

لكن لا تخف لن نزعجك أنا و قلبي

سنبتعد من ذات الطريق الذي اقتربنا من خلاله إليك

وسأظل على ما يبدو أحبك ..

(٢)

حين ابتعدت عنك ..

كنت أختبر حبك لي ,

كنت أعتقد بأنك ستلحق بي ..

لن تدعني أبتعد أكثر من خطوتين عنك ..

لتخبرني أنها نزوة ,

وأن كل ما كسر يمكن إصلاحه ..

لكن يبدو أنني كنت متغطرسة في حبك جداً ..

لم أكن أعلم أني تافهة وفارغة وحالمة أكثر من المعقول ..

لم يخيل إلي أن يكون حبك مزحة ..

دعابة أطلقتها حتى تجبرني على التوقف عن البكاء ..

لم يخيل إلي أن الحبل المتين مجرد شعرة

لم تصمد أمام مقص أنثى أخرى ..

لم يزرني هذا ولا حتى على شكل خاطرة مزعجة ..

كانت لامبالاتك فاجعة ,

شيبت رأس أمالي ..

أوقفت الدم في شراييني ,

منعتني من الحياة ..

حبك الذي أحياني حياةً أجمل من الأحلام ..

فجعت بفقده كما لم أفجع في كابوسٍ قط ..

(٣)

الفتاة التي تبكي لأنها تحبك ..

لأنها تعجز عن نسيانك ..

ومازالت تتمنى قربك ..

تصرخ باسمك كلما اشتد عليها الشوق ..

ترجو من السموات أن تلمحك أن تطمئن عليك ..

أن يخبرها أحدهم أنك فقط بخير ..

الفتاة التي لا تراك و تضع يديها على عينيها

حتى تمنعها من تتبع خطواتك ..

الجميلة التي أحبتك جداً ..

وكلما قلبت عينيها في الوجوه رأتك ..

التي خذلتها وأبكيتها وجرحتها ..

مازالت تحبك ..

28

(٤)

في مرضي أذكرك ..

في صحوي أذكرك ,

و في نومي أحلم بك ..

متى تأتي؟

متى يمكن أن تعود مرةً أخرى ؟

ما الشيء الذي لو فعلته سيعيدك إلي؟

لا يمكنني الاستسلام لفكرة الرحيل ..

لا تروق لي هذه الفكرة !

الرحيل يجب أن يكون بعد شفاء الجريح في صدري ..

عدا ذلك لا يمكن أن يكون رحيلاً ..

لازلت أتخيل أنها مزحة ساذجة من مزحاتك المزعجة ..

و أتخيل أنك ستعود بعدها لتختبئ خلفي ..

نذر المشركة

وتضع يديك على عينيّ وتفاجأني بأنها مزحة ..

فأصرخ بك , وأنهرك على هذه الحماقات الطفولية ..

ثم أضمك وأهمس لك : كدتُ أصدق

ونضحك كثيراً و طويلاً ..

و اليوم! أخبرني أنها مزحة أرجوك ..

قُل لي أنك أردت أن ترى ردة فعلي فحسب ..

أرجوك ! عُد لا يمكن لهذه المزحة أن تطول أكثر !!

أنا أتألم فعلاً ..

30

(٥)

ويسألونني لمَ كان هذا الفراق؟

فأقول بذلٍ :

ماكنت أنا تلك الفتاة ..

لم تكن عيناي تسلبه الرقاد ..

ما كانت أضلعي دافئةً له ..

لم تكن تستحق روحي في نظره الجهاد ..

ماكنت تلك التي يتمنى ضمها ولو كان في ذاك الممات ..

ماكنت الا نزوةً من النزوات ..

أمسية عشقٍ ليست لكل الأوقات ..

(٦)

سأخبرك سراً عن ليلتنا الأخيرة ..

تزينت حسناؤك لك ..

عقدت خلخالها المجنون على ساقها ..

حررت الليل الساكن في شعرها ..

و كأنها حوريةٌ من عدن ..

لم تكن تعلم ماذا خبأ لها القدر ليلتها ..

وقبل أن تفاجئك ,

فجعتها أنت ..

وتركت خلفك فيضان من الدمع الأسود..

وبقايا أحمر شفاه على وسادة بيضاء ..

وخلخال بلا رنين , قميص حريري ..

وغجرية ممزقة للأبد ..

الفصل الثالث

نذر المترك

أبداً لن أنسى ..

أن أحداً لم يشعر بعذاب امرأة ..

أطبقت بأسنانها على خشب النافذة ..

كي لا تنادي أحداً ..

لأنها تعرف أن أحداً لن يستجيب ..

غادة سمان

(١)

رغم كثرة الوجوه حولي لا أرى أحداً ..

و كثرة الضجيج لا أنصت لشيء ..

أبقى غارقة في أفكاري ..

كل شيء حولي يتحرك الا أنا ثابتة في مكاني ..

أشعر بأن كل شيء حولي تافه ..

زينة الأعياد !

ضحكات الأطفال!

حتى الأصدقاء القدامى والبومات الصور ..

كل شيء فقد أمامي روحه ..

كأني وسط مقبرة لا يحق لي الابتهاج ..

حتى أني أشعر أحياناً وكأن العالم كله خذلني ..

أؤثر الوحدة على الاجتماعات ..

الهدوء على صخب الطبول و أجراس الخلاخيل ..

نزار الترك

أفضل المكوث في سريري وقتاً طويلاً ..

لكن هذا هو الفقد ..

هذا هو الفراغ ..

هذا هو رحيله الذي هز العالم في ناظريّ ..

فأقام قيامته و أنهاه ..

(٢)

ثمة تعب لا يعرفه أحد ..

وشوق مهجور في سراديب قلبي ..

و حنين لا يفارقني للنظر إلى صورهم ..

و تتبع أخبارهم , و جديد أشعارهم ..

ثمة شغف لهم لا يموت ولا يستر ..

وأمل ميت في شارع كان يجمعنا ..

وعطر أثقل بعبقه ردائي ..

فطار مني إليك ..

(٣)

أشعر أحياناً أن حزني أكبر من أن يستوعبه قلبي ..
و أن جسدي مرهق كثيراً من شدة الحزن ..
وتقلصات قلبي التي تشبه سكرات الموت ..
كلما ذكروا اسمك أو لمحتُ صورةً لك ..
أو مررتُ بمكان كان يجمعنا
أو حدثني أحداً عنك تكاد ترديني قتيلة ..

وأحياناً أشعر أن الكون كله اتفق على أن يذكرك أمامي
حتى أؤمن أن في هذا الاسم يكمن هلاكي ..

(٤)

أتذكر شعري المنسدل على كتفيّ ؟

الشعر الذي يجعل أصابعك تأن له شوقاً ..

قد طال , طال كثيراً ومازالت أصابعك بعيدة ..

أتذكر رائحة عطري؟

الرائحة التي تلتصق في كل مكان حولك حين نكون معاً ..

لم أبدله بعطرٍ أخر منذ فراقنا ..

مازالت زجاجة العطر تصيح لهفةً ..

متى تلامس كفيك؟

أتذكر أغنيتنا الأولى ؟

رقصتي الأولى ؟

أوائل الأشياء التي جمعتنا ..

دعاباتي الساذجة , جدية أحاديثنا , تسريحة شعرك ..

إزارا قميصك , رموزنا التي لا يفهمها أحد سوانا ..

أرقامنا , ألعابنا , صفاتنا المشتركة ..

انزعاجنا من حماقات هذا الكون ..

حلمنا في الطيران , خلخالي , دموعي , سفري ..

صمتي الطويل , عينيَّ الثرثارتين , قلبي الصغير ..

أتذكر كل هذا ولا تعود؟!!

40

(٥)

كانت أطول مدة حزن في تاريخي

على قصة حب فاشلة ثلاث ليال ..

لكني اليوم أكمل عامي حزناً ..

وكأن الرب لم يخلق الا أنت ,

وكأني لم أصادف يوماً غيرك ..

وكأن دموع الأرض لو سكبت وداعاً لك لا تكفيني ..

حتى وإن بكت السماء معي لن أكف عن البكاء على فراقك ..

كأني فعلاً خلقت من ضلعك ,

ولكن ما فائدة انتمائي للضلع وقد تخلى عني باقي الجسد؟

نزل الترك

الفصل الرابع

أنت لست لي , ولكني أحبك ..

وما زلت أحبك وحنيني إليك يقتلني ..

وكرامتي تمنعني وكل شيء يحول بيني وبينك ..

محمود درويش

(١)

قالوا لي: أن الزمان سينسيكِ حبه ..

فاقتنيت كل ساعات العالم , ولم أنسك ..

قالوا لي : أن الكتب ستطوي صفحته ..

بدأ بصري بالتلاشي من كثرة ما قرأت ..

ومع كل كتاب أغلقه أرى صورتك ..

قالوا لي: ارقصي , الرقص سيلهيكِ عنه ..

وكلما عقدت خلخالي لأرقص على رنين أجراسه ..

تذكرت نظراتك لي حين أرقص ..

وتطويق عينيك لجسدي المتمايل ..

قالوا لي : قربي الرجال لكِ سيطهرونكِ منه ..

قربتهم و صرت أبحث في كل رجل عنك ..

و لا أجدك في صدورهم ولا أجدهم ..

45

نزار الترك

سلكتُ كل دروبهم لأنساك ..

ومع كل بداية مشوار أرى وجهك ..

وكأنك تخبرني أن لا مفر من حبك أبداً ..

(٢)

أنا بخير و إن اعتراني شيء من الهم ما زلت بخير ..

أغمض عينيَّ وأتخيلك فيغمرني الخير ..

أسترق السمع لأحاديثهم عنك , أتتبع خطواتك ..

أقرأ خلسةً أشعارك فيطمئن كل ما بي ..

وأستسلم لفكرة "أحبك أنا"

حبك قبل كل شيء حتى قبلي أنا ..

فإن لامست عينيك فرحة اغتنيت بها عن أن أفرح ..

و إن أصابك حزن أفتديك بقلبي ليحمله ..

و إن شعرت أنك وحيد تذكر الغجرية التي تتبعك دون أن تشعر ..

ستحتويك و تمسح على رأسك و تشفي جروحك ..

ولا بأس بعد ذلك أن ترحل سعيداً معافى لبلاد بعيدة ..

ندا الترك

(٣)

في الوقت الذي كنت تعتقد فيه أني فعلاً نسيتك ..

كنت أفتقدك سراً ..

أربت على قلبي وأبكي لأني لا أستطيع إخبارك بذلك ..

كنت أنام كثيراً و طويلاً ..

حتى ألمسك في نومي ..

دون وجود أنثى سواي

أمشط شعرك , أرتب ملابسك ..

أختار قمصانك ..

ألبسك حذائك المعقود ..

وأضمك لأهمس لك : أحبك أنا ..

(٤)

أنت لا تعلم مقدار الألم بداخلي ..

لا تعلم كم ليلة كبحت فيها أشواقي ..

منعت نفسي أن أكتب لك ..

كم ليلة أشكوك للجدران الصماء ..

التي أنطقتها أنيناً ولم أستطع أن أنطقك ..

كم ليلة بكيت فيها وحيدة أرجوك أن تعود دون أن أتكلم ..

أعف بصمتي ما بقي من كرامتي ..

أنت لا تعلم عن أي شيء , لا تعلم حتى متى احتجت لك ولم أجدك

متى شكوت لهم رغبتي فيك ,

لا تعلم كم مرة ضحكت من شدة التعب حتى أخفي دموعي..

كم مرة كتمت فيها اشتياقي ..

كم مرة سقطت من أعلى أبراج فرحي إلى قيعان اليأس ..

أنت لا تعلم أي شيء عني منذ تلك الليلة ..

خلخال غجرية

الفصل الخامس

للحنين أعراض جانبية من بينها :

إدمان الخيال , والنظر إلى الوراء ..

و الإفراط في تحويل الحاضر إلى ماضٍ ..

محمود درويش

(١)

سيعود كعادته متأخراً ..

بعد انقضاء الأجل ,

وموت الأمل ..

بعد اختفاء صوتي و ذوبان مدمعي ..

سيعود بعد أن يهدأ الإعصار ..

وتنطفئ لهفة الحضور ..

سيعود ليصفعني على قلبي ..

ليثير زوبعةً في الرميم ..

ليعاود حرق الرماد ..

سيعود ليقتلني من جديد ..

(٢)

سيحاول نسياني بأجسادهن ..

سيتلونَّ أمامه بكل الألوان ..

و يلعبن كل الأدوار ..

سيجعلن جسده مزاراً ..

و عينيه سكناً وداراً ..

لكن لن تستطيع إحداهن امتلاكه ..

لا أحد يشبهني ..

سيظل يبحث عني في أعينهن ..

يضع يده على كل الأجساد حتى يلمسني ..

وينتهي به المطاف وحيداً ..

لا أنا ولا هُن ..

هو مع قلبه البائس و كوب قهوته المرة ..

و أرقٍ لا ينتهي ..

(٣)

ستبكي ذات يوم ..

حين تظلم الشمس , وينقطع نور القمر ..

ستبكي حين تبحث عني فلا تجدني ..

حين أكون الفكرة الوحيدة التي لا تفارقك أبداً ..

ستبكي حين تمتلك كل شيء عدايّ ..

سيؤلمك فراقي حين تستوي على عرشك ,

وتحصي جواريك ولا تجدني ..

حين تبحث عن رسائلي ولا تجد شيئاً ..

حين تؤمن بنهايتك مني , ستبكي ..

عندها , سأغدو نسخةً منك ,

سأقرأ رسائلك ولن يتحرك بي الشوق ..

سيخبرونني أنك تنتظرني بالخارج ولا أهرع إلى الباب ..

سأراك ولن أواري عينيّ عنك ..

بل سأطيل النظر إليك ..

حتى تشعر وكأني أحاول تذكرك ..

سأنزعج كثيراً من رسائلك وأشعارك و حبك ..

لأن الأماني بعد مضي عمرها مزعجة جداً ..

(٤)

أعلم أنك ستتوهم الحب بعدي ..

وستقابل الكثير من الوجوه ..

وتلمس الكثير من الأجساد ..

لكن شيءٌ ما ...

سيجعل قلبك يتلوى ألماً ..

كلما نظر غيري ولمس غيري ..

شيءٌ بداخلك سيذكرني مع كل ضمة و قبله ..

شيءٌ بداخلك خلق لي ..

لن يسلبني إياه الفراق ..

شيءٌ مني مازال فيك ..

58

(٥)

إن اشتقت لي ابعث برسالة ..
لا بأس أنت تعلم جيداً أني ما زلت أنتظر ..

إن اشتقت لي حدثّ أصدقاءنا عني ..
سيخبرونك كم أنا حزينة ومتعبة وما زلت أنتظر ..

إن اشتقت لي , أجمع كل الأوراق المحملة بعطري ..
ضمها و حدثها عني , سيصلني أنك اشتقت ..

إن اشتقت لي , أغمض عينيك
واستحضر تفاصيل شقاوتي بين يديك ..
ضحكتي و دمعتي , أحاديثي المملة ودعاباتي ..
وقَبل كل صورة تستحضرها لي ..

و إن اشتقت لي , تذكر أغنياتي التي أدندنها ..

صوتي وهو يرجف باكياً ..

رقصاتي المجنونة ..

قرع الطبول ! أشعاري ..

أطلب منهم أن يصفوا لك شكل وجعي بانتظارك ..

الفصل السادس

إذن انتهت أسطورتنا يا صديقي ..

وذلك اللقاء الرائع كان آخر لقاء ..

وحبنا الذي بدأ في الذروة انتهى في الذروة نفسها ..

غادة سمان

(١)

لن يعود ..

أغلق أذنيه عن صوتكِ ..

نفض كفيه من دمعكِ ..

توقفي عن الانتظار فهو لن يعود ..

شيء بداخله آمن بالرحيل وآمن له ..

لا تحاولي الطرق على نوافذ كوخه ..

لن يفتح لكِ وإن أصابك من البرد ما أصابك ..

لا تحاولي تذكيره بوجودكِ هو يريد أن ينسى ..

وأنتِ تقتحمين عليه خلوته في استحضار النسيان ..

لذلك يتجاهلكِ أفكاره منصبه في كيفية الخلاص من حبك ,

طيفك و صورك ..

نزل الترك

لا تحاولي أن تذكريه فهو لم ينسى ..

لكنه لن يعود ..

(٢)

الأرق أمر محتم على عينيكِ ..

لا تطيلي الليالي أكثر من طولها في استرجاع تفاصيله ..

لا تلتمسي له الأعذار ..

لا تحاولي أن تبدي بهذا الذل أمامه ..

لا تكتبي , توقفي عن الكتابة ..

لأن الكتابة تجعل لأوجاعكِ صوتاً على الورق ..

ولدمعاتكِ نزيفاً لا ينقطع ..

دعي أحزانكِ للأيام ..

الأيام كفيلة بإصلاح كل التصدعات ..

(٣)

أنا خائفة جداً ..

من كل شيء ..

من الغد و اليوم

من أشباح فشل البارحة التي تطاردني ..

خائفة من نفسي من يأسي ..

من فرحتي أن تسرق ..

من ضحكتي أن تذوب ..

الخوف يوشح عالمي بالسواد ..

و التعب غشاني , والصبر طال

وأخاف أن يطول أكثر ..

خائفة من دمعتي المحبوسة أن تغرقني ..

من صرختي المكبوتة أن تصمني ..

من كلماتي المسكوت عنها أن تخرسني ..

خائفة من أن أفعل ومن أن لا أفعل ..

أنا في المنتصف ..

عاجزة من شدة الخوف ..

(٤)

قلبي متجمد من شدة اليأس ..

يلتف حوله الضباب ..

غارق في ماضٍ سحيق أنتظره ولا ينتظرني ..

أنظر للكون بكل شحوبه ..

أحاول , في كل مرة أحاول أن أبتهج ..

لكن البهجة تغمرني من الخارج فقط ,

لم أسمح لها يوماً أن تتسلل إلى داخلي

تذيب ذاك الجليد المتراكم حول قلبي

لتزهر فيّ الآمال ,

لا أبحث عن النور

و إن أبصرتُ شمعة فررت للظلام

وكأني خفاشٌ تعس

68

لا يعرف طعم الفرحة ولا يؤمن بالنور

يرى ذاته دوماً في العتمة بطريقة أوضح وأجمل ..

(٥)

خذ بيدي ..

ساعدني لأنساك ..

لأشفى من داء حبك ,

ساعدني لأنسى ضمتك ..

أنقذني من تفاصيلك ..

عالقة أنا في زمانك وكأن عمري توقف هناك ..

كأن كل شيء بي خلق لتلك الحقبة الزمنية ..

فما عاد الزمان بعدك زماني

و لا أنا عدت أشبه أي شيء في كوكبهم

و كأنني لا أنتمي الا إليك ..

(٦)

في ذكرى رحيلك ..

تذكرت متى يمكن للقمر أن يختفي ,

كيف يمكن للحياة أن تكون بشعة إلى هذا الحد ..

تذكرت كيف نتشبث بأيديهم ويفلتونها في أوج حاجتنا لهم

..

تذكرت ذاك السواد الذي يغلف أيامي ..

يحاصرني و يحصرني في مكاني

لا أتحرك أبداً , أنا أشيخ فقط ..

أشيخ مع كل سنة عشر سنوات ..

هذه ليست مبالغة أبداً ..

تعال احصي عدد الشعرات البيضاء في سواد شعري ..

تعال قِس قطر الهالة السوداء حول عيني ..

71

ندى الترك

انظر شحوبات وجهي و عينيّ التي صرت أتفنن في إخفائها

خلف مجموعة واسعة من مساحيق التجميل ..

تعال لامس نبضي الواهن ..

تعال أحصِ علل جسدي منذ فراقك

وستعرف أني حتماً لا أبالغ ..

(٧)

ستظلين تشتكين للسموات وجعه

تبكين كل ليلة على وسادتك

تتمنين لو يعود الزمان يوماً

لكن الزمان لا يعود الحياة ليست منصفة

لدرجة محو وتطهير الماضي

ستظلين تحلمين به

رغم كثرة الرجال , سيظل حبه صومعتكِ

حين تودين الابتعاد عن البشر ..

ستظلين تمسكين قلمكِ لتكتبي له رسالة

تذكره أنكِ ما زلتي تحبينه , وفي كل ليلة

تبكين بشدة لأنكِ تعلمين أنها لن تفيد

وسيبكيكِ أنه سعيد يتقلب في أحضان أخرى

و لا يمكن لذاكرتك محو المشهد أو حتى قصة ..

سيظل هذا الحب أسوأ حب مر في حياتك

الحب الذي بذلت فيه روحكِ تقرباً للنسيان

وفي كل مرة يخونكِ النسيان وينسيكِ أن تنسيه ..

(٨)

كل ما أذكره أنني أحببتك أكثر من المعقول ,

أكبر من الدهشة ,

أحببتك للحد الذي جعلني أغفى ذاك المساء

وقد أودعتك كل أحلامي ,

وفي غمرة رقصي حفاوةً بك ,

سقطت سلة أحلامي من يديك ,

انكسرت أحلامي و انكسرت ..

وأذكر أنك لم تعدني بالغياب ولا بالبقاء ,

أخبرتني مراراً أنك لا تستحق كل هذا الحب ,

لكنك في نظري كنت تستحق!

ولا يمكن لوم العاشق على غشاوة العشق التي تغلف
عينيه ..

وكنت أخشع لك وأذل لك ,

وأنت تعلم أني لا أفعل هذا مع رجل ,

لكنك في نظري كنت شيئاً أكبر من رجل ,

كنت أبي ,

كنت الوطن ,

كنت معنى الانتماء ,

لكني لم أكن لك شيئاً ,

رغم كل ما أنِف ذِكره , لم تحبني ! ليس هذا فقط ,

أنت لم ترني حين وقفت أمامك بكل زهوي وجمالي

أحبس دمعاتي وقد امتلأ عالمي بالدهشة

, لم ترَ دموعي لم تشعر باحتراقي ..

لذلك جمعت بقايا كرامتي الملقاة تحت أقدامك

و رحلت ,

أعف برحيلي ما بقي منها ,

رحلت و أنا أحبك لم أكرهك يوماً ,

ولم أتمنَ لك الأذى ,

رحلت وأنا مدركة تماماً

كل الأوجاع المترتبة على هذا الفراق

والتي أصارعها حتى الآن ..

ندى الشركة

وللحديث بقية

ماذا يفيد الأسى أدمنت معصيتي ..

لا الدمع يجدي ولا الغفران أبغيهِ ..

إني أرى العمر في عينيكِ مغفرةً ..

قد ضل قلبي فقولي كيف أهديهِ ..

فاروق جويدة

(١)

بعد عام كامل لم يكن لي حليف فيه إلا الألم ,

هل استوفى ربي حقوق العباد من دمعي ووجعي وصراخي؟

العباد الذي أوجعتهم و أبكيتهم و تركتهم من أجلك ..

أم أن الألم سيلازمني عاماً أخر؟

ماذا لو كان كل هذا الألم المميت شوكةً أولى

في حديقة مليئة بالأشواك !

هل يمكن بعد رحلة المخاض الطويلة هذه أن أولد من جديد!

غجرية لا يقيدها حبك ؟

عام الألم لم يرميني صريعة الهوان ,

عام الألم أوجد بداخلي

محاربة بسيف على خاصرتها مستعدة

81

نزار الترك

لقتل كل شخص يقترب من قلبها

ملاكك الجميل يبدو أنه تشيطن ..

(٢)

كل شيء بي كما تذكره وتريده ..
ما زلت تلك الجميلة التي تشتد حمرتها
كلما دنوت منها , لكنك الآن لا تدنو ..

لازلت أرتدي خلخالي , أرقص على ألحانه
وأخط أغنياتي على صدى رناته
لكن كل شيء صار صامتاً
حتى الرنات التي كانت تصدح في كل مكان
تحولت وأنا أرقص وحدي إلى أنين

وشعري الأسود , أتذكره؟
ذاك الشعر الأعجمي المنسدل
كحكاية زارتك من جبالٍ بعيدة
ممتلئة بالسحر ممتلئة بالخيال ,

ندى الترك

مازال كما عهدته , عدا أن سواده

فقد سحره وتأثيره ,فقد أصابعك

ها أنا ذا كعادتي أقرأ كل يوم

لم أفقد شغفي بالقراءة ,فقدت شغفي في الحديث عما قرأت

لأنه لم يعد لدي "أنت" لأتحدث إليه ..

لم أفقد شيئاً على الإطلاق أنا أفتقدك فقط ..

84

(٣)

أتمنى أن ألقاك , لأخبرك كم عدد القمصان التي قُدت من
قُبل

كم عدد الأفكار والألوان و الرقصات و روائح العطور

الموجودة في مخيلتي اليوم

كم نوع ضحكة سمعت بعدك

كم حضن ضمني بعد رحيلك

كم باقة أزهار تذكرتني في عيد ميلادي !

كم أفراح شاركوني بها ,

وكم أتراح أشركوني فيها ..

كم كتف كان بجانبي وأنا أسقط بعدك !

كم يد حانية حاولت أن تلمسني وعضضتها ..

كم قلب مليء بالحب تقرب مني وأبعدته

كم ليل جائع نادى خلخالي وانصرفت عنه

كم صوت ثائر صرخ في وجهي وأنا أخبرهم أني

ما زلت أحبك ..

كم قصيدة كتبت على ضوء عيوني ..

كم كلمة غزل لم تحرك فيّ ساكناً

وكم كلمة عتاب كنت أتضجر منها

كم قلب رجل وطأته وأنا أحاول الهرب من حبك؟

وفي كل مرة أذكرك أنت وأنساهم جميعاً ..

(٤)

سيكون لأخرى تنسيه اسمي

شعري , خلخالي وعطري

تنسيه كل شيء يتعلق بي

ستكون بمثابة ممحاة لتاريخي من تاريخه

سيكون لأخرى تحنو عليه أكثر مني

ستشاركه فرحه وحزنه ,

حضنها دافئ كليلة حب

ستغني له أغنياتي بصوتها الأعذب ..

ستكون أمه , طفلته , جنته

و لن يكون لي فيه بعدها الا الذكرى

أو الفتات ,

نزار الترك

لنقل أنه أقل من الفتات

صورته , و اسمه وعنوانه الذي أعجز عن الوصول إليه

سيكون لأخرى هذا المساء ...

(٥)

لن نعود

يبدو أن هذه النهاية هي قدرنا

والقدر!! كلما عاندته عاندني

كلما حاولت أن أقترب منك أبعدني

يحذرني في كل مرة من أن أخالفه

و أنت يا حبي الأوحد تعلم جيداً

أني أنثى لا أستسلم و لا أخضع لقوانين

و لا أيأس و لا أمِل من الإعادة والمحاولة

أتعرف ما هو الأمل يا صغيري ؟

الأمل ! وآهٍ منه قتلني

مازال يغمرني لك يمزقني

يذكرني بكل ما كان و كل ما حاولت

ندى الترك

أن أجعله كائناً ولم يكن ..

هل تصدق أن البعض يموتون من شدة الأمل؟

يعصرني هذا الأمل ..

شقي جداً مثلك تماماً

كلما اقتربت لألمسه

وجدته أبعد من أبعد أحلامي

يدفعني هذا الأمل للقتال طويلاً

حتى يحين ..

ماذا يحين؟؟

اللقاء!!

أتظنه حقاً يحين؟؟

النهاية

لا أؤمن بالنهايات ,

النهايات تأتي بعد انقضاء عمر أحد الأبطال أو كليهما ,

الموت هو النهاية الوحيدة

عدا ذلك وحده القدر من يعلم

كيف يمكن أن تنتهي كل حكاياتنا المعلقة ...

للحديث لابد بقية لكني أجهلها ..

دار الترك

لا نكتب أحداثاً حقيقية لكننا دوماً نقول الحقيقة بطريقة مختلفة